Introduction

Véritable s[...] asiatique, la F[...] ntes, possède l'u[...] les et les plus di[...]  cap Blanc-Nez[...] sites spectacula[...] ages grandioses,[...] itent également [...] la flore reste l'un des éléments les plus accessibles.

Ce guide vous propose de découvrir 60 espèces végétales représentatives des différents types de milieux littoraux, choisies en raison de leur fréquence et de leur facilité d'identification.

DES MILIEUX DIVERSIFIÉS

Sous l'appellation générique de « littoral » se cachent des milieux très divers qui peuvent être regroupés en trois grands types selon la nature du sol : rocheux, vaseux ou sableux.

LES ROCHERS ET FALAISES

Bien qu'offrant aux végétaux un substrat plus stable que celui des dunes, les côtes rocheuses constituent un milieu de vie très difficile pour les plantes. Fouettées par des vents violents desséchants, aspergées d'embruns salés qui « grillent » leurs bourgeons, obligées d'insinuer leurs racines dans des fissures exiguës où la terre végétale et l'eau douce sont rares, exposées à des éboulements fréquents, les plantes des falaises maritimes font un métier difficile : germer, croître et se multiplier dans de telles conditions est réservé aux espèces les mieux adaptées. C'est le domaine du fenouil marin (3), de l'armérie (4) et, en Méditerranée surtout, de diverses espèces de statices (15). Selon la nature de la roche – calcaire ou cristalline –, la hauteur et l'exposition – falaises tabulaires ou escarpées, exposées aux vents dominants ou abritées – ou encore la situation géographique, la composition de la flore varie quelque peu, quoique certaines espèces comme le fenouil marin se retrouvent des côtes picardes jusqu'au sud de la Corse ! Sur le littoral atlantique, les côtes rocheuses sont fréquentes depuis le nord jusqu'au sud de la Bretagne, puis se raréfient pour réapparaître sur la Corniche basque. En Méditerranée, elles existent surtout en Provence orientale ainsi que sur la côte occidentale de la Corse.

LES MARAIS ET VASIÈRES

Dans les fonds de baie, les estuaires ou derrière certains cordons littoraux où les sédiments fins peuvent se déposer, se forment des vasières plus ou moins étendues recouvertes régulièrement par les marées. Selon la durée de submersion, on oppose classiquement la slikke (du néerlandais « boue ») au schorre (« pré salé »). La slikke est submergée par la mer à chaque marée et le peuplement végétal y est très pauvre : spartines et salicornes éparses parviennent à s'implanter dès lors que la durée de submersion est inférieure à six heures, algues et diatomées dominant dans le cas contraire. Le schorre, atteint seulement par les hautes mers de forts coefficients, montre en général une couverture végétale plus dense – le pré salé –, avec un étagement plus ou moins net de la végétation en bandes parallèles au littoral en fonction de la fréquence des submersions. Les espèces végétales capables de résister à ces contraintes sont peu nombreuses, mais généralement abondantes, et forment souvent des peuplements étendus : sur les côtes atlantiques, à une ceinture inférieure à la salicorne pérenne et à la glycérie maritime succèdent les grandes plages argentées d'obione faux-pourpier (20), équivalent tempéré des mangroves tropicales, surmontées sur le haut schorre par une prairie d'une couleur vert bleuté caractéristique d'agropyre piquant. En fin d'été et à l'automne, le pré salé s'illumine lors de la floraison mauve ou bleue de l'aster maritime (17) et du statice commun (18).

Sur la côte atlantique, les prés salés sont répandus autour des estuaires du Nord, le long des côtes bretonnes et charentaises. En Méditerranée, ils sont fréquents à l'ouest du Rhône, mais rares en Corse.

LES PLAGES ET DUNES

Malgré des conditions de vie très difficiles, les dunes constituent l'écosystème côtier le plus diversifié pour la flore. Dans les sites non altérés, on observe généralement une séquence tranchée de milieux, s'étageant depuis le haut de la plage jusqu'à la forêt arrière littorale. En haut de l'estran, dans la zone de dépôt des débris organiques apportés par les tempêtes d'équinoxes, se développe une végétation éphémère halonitrophile (qui aime à la fois le sel et l'azote), où dominent en général le pourpier de mer (28), la roquette de mer (41) et diverses arroches. En arrière, un premier bourrelet est constitué par le chiendent des sables, dont les rhizomes piègent les grains de sable et forment la dune embryonnaire. Lui succède la dune mobile, qui constitue la partie la plus haute du cordon et que le vent remodèle sans cesse. C'est le royaume de l'oyat (40), plante édificatrice par excellence grâce à son puissant réseau de rhizomes qui retiennent le sable. La couverture végétale est encore éparse, mais déjà plus diversifiée, et comprend plusieurs plantes capables de résister à l'enfouissement et disposant de racines pouvant aller puiser l'eau à plusieurs mètres de profondeur. À l'abri du cordon de la dune vive, la force du vent est atténuée : les sables se stabilisent, le microclimat est plus chaud, de nouveaux végétaux peuvent s'implanter – mousses et lichens notamment –, qui vont contribuer à enrichir le substrat en humus et favoriser l'arrivée d'espèces plus exigeantes.

C'est la dune fixée, à la flore beaucoup plus riche et où se localisent beaucoup des plantes rares du milieu dunaire. Dans certains sites, l'affleurement à faible profondeur d'une nappe phréatique douce permet l'apparition, entre les cordons, de dépressions interdunaires humides – connues localement sous le nom de « pannes », de « lèdes » ou de « lettes » –, colonisées par une flore particulière à laquelle le saule des sables (30) imprime souvent sa physionomie. Au fur et à mesure que l'on s'éloigne de la côte, la dune grise est envahie peu à peu par des arbustes, puis par des arbres qui, lorsque les circonstances sont favorables, vont constituer une véritable dune boisée, souvent dominée par diverses espèces de pins.

Les dunes et côtes sableuses existent sur toute la côte franco-atlantique, mais sont exceptionnellement développées en Aquitaine où elles forment, sur plus de 200 km de long, le plus grand complexe européen. Sur les côtes méditerranéennes, les ensembles dunaires sont moins représentés : ils sont surtout fréquents des Bouches-du-Rhône jusqu'à Perpignan vers l'ouest, ainsi que dans la moitié sud de la Corse.

LE JARGON DES BOTANISTES

Coriace : feuille épaisse et de consistance rigide.

Côtelé : muni de côtes.

Couchée-ascendante : tige étalée à la base, puis redressée.

Flexueuse : de forme sinueuse, en zigzag.

Gazonnante : plante en touffes serrées comme un gazon.

Glabre : dépourvu de poils.

Globuleux : de forme plus ou moins sphérique.

Imparipennée : feuille composée dont les folioles sont opposées 2 à 2, avec une foliole solitaire terminale.

Lancéolée : feuille en forme de fer de lance.

Ligneux : ayant la consistance du bois.

Linéaire : très étroit, à bords presque parallèles.

Oblongue : nettement plus longue que large et arrondie aux 2 extrémités.

Opposées : feuilles insérées au même niveau, l'une en face de l'autre.

Orbiculaire : arrondi en forme de cercle.

Ovoïde : en forme d'œuf.

Paripennée : feuille composée dont les folioles sont opposées 2 à 2, sans foliole solitaire terminale.

Pubescent : couvert de poils courts et mous.

Rameux : présentant de nombreuses ramifications.

Rayonnante : étalée en forme de roue.

Spatulée : feuille étroite à la base, brusquement élargie au sommet.

Tomenteuse : couverte de poils entrecroisés comme un feutre.

Tubuleux : calice ou corolle dont les éléments sont soudés en forme de tube.

Verticillées : feuilles disposées au même niveau, en cercle autour d'un axe.

Vivace : qui vit plus d'un an.

Une flore riche mais menacée

Si la flore des vasières et prés salés est, dans son ensemble, peu diversifiée à l'échelle de la région envisagée par ce guide, il n'en va pas de même pour celle des dunes ou des falaises, très riche et marquée par des particularités régionales fortes ainsi que, pour certains secteurs, par un taux d'endémisme remarquable.

En ce qui concerne les dunes, leur végétation est d'une grande diversité et, de Dunkerque à Bonifacio, des dizaines de types différents de végétation se relaient, en réponse aux variations des conditions climatiques et géologiques locales. Alors que la flore des dunes flamandes emprunte encore quelques éléments à la région boréo-atlantique, celle de l'archipel des Lavezzi, au sud de la Corse, intègre déjà quelques espèces des zones intertropicales comme l'ipomée sagittée. Certaines plantes dunaires ont une aire de répartition mondiale très restreinte, parfois limitée aux seules côtes françaises. De telles espèces endémiques existent notamment sur les rivages du golfe de Gascogne, où les dunes d'Aquitaine abritent plusieurs plantes très rares comme l'épervière laineuse ou la linaire à feuilles de thym (39) ; un peu plus au nord, le cynoglosse des dunes (38) n'existe qu'entre le Finistère et les îles charentaises vers le sud. De telles plantes, dont la zone de présence potentielle s'étend sur une longueur de 200 à 300 km et sur une largeur moyenne de 100 à 200 m, n'ont donc qu'une aire de distribution très faible, comprise entre 20 et 60 km². Encore plus réduite est l'aire de répartition de plusieurs plantes endémiques des falaises méditerranéennes ou corses, particulièrement au sein du genre *Limonium*, où certaines espèces sont propres à un unique golfe ou à un seul îlot.

Exposé à des pressions d'ordre touristique, industriel ou immobilier, le littoral français subit de plein fouet les effets de la croissance économique et des besoins accrus d'une population de plus en plus avide de loisirs

Le Conservatoire de l'espace littoral et des rivages lacustres

Cet établissement public a vu le jour en 1975. Il a pour vocation la protection définitive d'espaces naturels sur les rivages maritimes et lacustres par l'acquisition à l'amiable ou par préemption. La gestion des terrains acquis est confiée aux communes, aux collectivités locales ou à des associations après la réalisation d'un bilan écologique et d'un plan de gestion. Ses principaux objectifs sont la sauvegarde de la diversité biologique et paysagère et leur mise à disposition auprès du public moyennant certaines restrictions concernant les activités agricoles, forestières ou sportives. À ce jour, le domaine relevant du CEL est de 113 000 ha couvrant 1 000 km de rivages (plus de 20 % du linéaire côtier corse) et répartis sur plus de 400 sites naturels.

de nature et d'espaces « sauvages » où se ressourcer. Dans ces conditions, il n'est pas étonnant que l'érosion de la biodiversité soit ici plus forte qu'ailleurs : 68 des 486 plantes considérées comme hautement menacées en France par le Livre rouge du Muséum national d'histoire naturelle appartiennent à des milieux côtiers. Environ 41 % de ces 68 espèces sont propres aux milieux dunaires, 30 % aux falaises et 20 % aux marais et vasières.

Des organismes nationaux, comme le Conservatoire du littoral, tentent par leur action de faire baisser ces chiffres alarmants. Mais il appartient également à chacun d'entre nous d'adopter une attitude citoyenne vis-à-vis de ces milieux hautement fragiles en respectant des gestes simples : éviter le surpiétinement, ne laisser aucun déchet, s'abstenir de tout prélèvement (une photo suffit !) et ne pas déranger la faune par un comportement intempestif.

Glossaire

1 **Aigrette** : couronne de poils surmontant certains fruits.

2 **Akène** : fruit sec, à 1 graine, ne s'ouvrant pas à maturité.

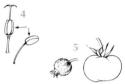

3 **Annuelle** : plante dont la vie dure moins de un an.

4 **Anthère** : partie des étamines contenant le pollen.

5 **Baie** : fruit charnu, à graines éparses dans la pulpe.

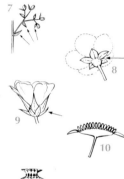

6 **Bisannuelle** : plante dont le développement se fait sur deux ans.

7 **Bractée** : petite feuille à la base d'une fleur.

8 **Calice** : ensemble des sépales.

9 **Calicule** : faux calice, inséré à l'extérieur de celui-ci.

10 **Capitule** : inflorescence de petites fleurs serrées les unes contre les autres et simulant une fleur unique.

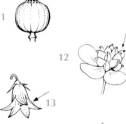

11 **Capsule** : fruit sec, à plusieurs graines, s'ouvrant par des fentes.

12 **Carpelle** : partie d'un fruit multiple.

13 **Corolle** : ensemble des pétales.

14 **Drageonnant** : formant des rejets qui naissent de racines souterraines.

15 **Épi** : inflorescence dont les fleurs sont attachées directement sur la tige.

16 **Épillet** : petit épi formé de plusieurs fleurs (Poacées, notamment).

17 Foliole : partie élémentaire d'une feuille composée.

18 Inflorescence : ensemble des fleurs sur une même plante.

19 Involucre : ensemble de bractées à la base d'une fleur.

20 Ligulée : fleur en forme de languette, chez les Astéracées.

21 Ombelle : inflorescence dont les fleurs partent d'un même point, l'ensemble évoquant un parasol.

22 Paillettes : petites écailles allongées accompagnant parfois les fleurs tubuleuses des Astéracées.

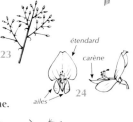

23 Panicule : inflorescence complexe, en général fortement ramifiée.

24 Papilionacée : fleur irrégulière des Fabacées formée d'un étendard, de deux ailes et d'une carène.

étendard

carène

ailes

25 Pédoncule : support d'une fleur ou d'un ensemble de fleurs.

26 Pétiole : support («queue») d'une feuille.

27 Rhizome : tige souterraine.

28 Rosette : groupe de feuilles étalées sur le sol à la base d'une plante.

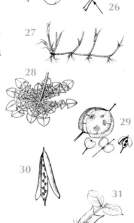

29 Silicule : chez les Brassicacées, fruit moins de 3 fois plus long que large.

30 Silique : chez les Brassicacées, fruit allongé, plus de 3 fois plus long que large.

31 Stipule : petit appendice foliacé situé au point d'insertion du pétiole sur la tige.

Identification

Abréviations : Atl. : Atlantique ;
Mch. : Manche ; Méd. : Méditerranée

ROCHERS ET FALAISES

1 **Chou commun** *Brassica oleracea*
(Brassicacées)
Plante vivace, robuste, entièrement glabre et glauque.
Tige atteignant 1 m de haut, ligneuse à la base. Feuilles
grandes, charnues, celles de la base découpées en lobes
profonds dont le dernier est beaucoup plus grand. Fleurs
jaune pâle en grappes peu fournies, à 4 pétales. Fruit :
une silique dressée, arrondie. Floraison d'avril à juillet.
Falaises maritimes, surtout calcaires. Mch., Atl. et Méd.,
rare. C'est l'ancêtre des innombrables variétés de chou
cultivé que l'homme a produites par sélection.

2 **Crambe maritime** *Crambe maritima*
(Brassicacées)
Plante vivace, ressemblant à un chou, formant de grosses touffes glabres et glauques. Tige atteignant 60 cm,
à base ligneuse. Feuilles grandes, épaisses, à marge
dentée et frisée. Fleurs blanches en grappes étalées, à
4 pétales verdâtres à la base. Fruit : une silicule ovale,
dure, ne s'ouvrant pas et ne contenant qu'une seule
graine. Floraison de juin à juillet. Rochers maritimes,
cordons de galets, plages de graviers. Bretagne et Mch.,
assez rare. Dans le nord de l'Europe, les jeunes pousses
et les pétioles sont consommés comme légumes.

3 **Fenouil marin** *Crithmum maritimum*
(Apiacées)
Plante vivace, glabre et glauque. Tige de 20 à 50 cm,
striée, flexueuse. Feuilles épaisses, profondément divisées en lobes étroits et charnus, à goût salé. Fleurs d'un
blanc verdâtre réunies en ombelles, à 10 à 20 rayons
épais. Fruit : un akène spongieux, côtelé. Floraison de
juillet à octobre. Rochers et falaises littorales, parfois
digues et ports. Mch., Atl. et Méd., assez répandu. Les
feuilles confites dans du vinaigre, comme les tiges de
salicorne, fournissent un condiment qui remplace les
cornichons.

4 **Armérie maritime** *Armeria maritima*
(Plombaginacées)
Plante vivace, basse, gazonnante. Feuilles linéaires,
nombreuses, toutes à la base, formant des coussins
denses d'où émerge une tige haute de 5 à 25 cm. Fleurs
rosées, très petites, réunies en tête dense au sommet de
la tige, entourée de bractées membraneuses brun verdâtre. Corolle à 5 lobes longuement soudés en tube à la

base. Floraison de mai à octobre. Falaises maritimes, prés salés. Mch. et Atl., assez répandue, surtout en Bretagne. Plante ornementale, souvent cultivée dans les jardins. On rencontre parfois, sur les sables littoraux du Midi et de l'Ouest, l'amérie des sables, une plante plus robuste, à feuilles plus longues et à têtes florales plus grosses.

5 Cranson du Danemark *Cochlearia danica*
(Brassicacées)

Plante annuelle, naine, plus ou moins couchée. Tige grêle, étalée ou ascendante, ne dépassant pas 20 cm. Feuilles toutes pétiolées, celles de la base très longuement, de forme triangulaire évoquant un peu celles du lierre. Fleurs blanches ou rosées, petites, à 4 pétales. Fruit : une silicule ovoïde. Floraison de février à mai : l'une des plantes les plus précoces du littoral atlantique. Rochers, digues, sables humides. Mch. et Atl., assez répandu. Deux autres espèces de cranson existent sur le littoral atlantique mais elles sont vivaces, plus robustes et à fleurs d'un blanc pur.

6 Silène maritime *Silene maritima*
(Caryophyllacées)

Plante vivace, basse, gazonnante. Tige étalée ou ascendante, de 10 à 30 cm. Feuilles opposées, ovales, entières, à consistance un peu cireuse. Fleurs solitaires ou par 2, blanches (rarement rosées), à 5 pétales profondément divisés en 2 lobes obtus à leur sommet et munis à leur base de 2 écailles. Calice renflé en ballon, à 20 nervures. Floraison de juin à août. Falaises maritimes, plages de galets. Mch. et Atl., assez répandu. Le silène maritime appartient à un groupe d'espèces affines comprenant aussi des espèces liées aux éboulis montagnards.

7 Mauve royale *Lavatera arborea*
(Malvacées)

Plante bisannuelle, robuste, fortement ramifiée. Tige ligneuse à la base, pouvant atteindre 3 m de haut, couverte de poils étoilés. Feuilles entières, à 5 à 7 angles aigus, entièrement gris tomenteux. Fleurs grandes, pourpres, plus foncées au centre. 5 pétales étalés, un peu échancrés au sommet. Calice doublé d'un calicule à 3 lobes. Floraison d'avril à juin. Falaises et rochers littoraux, sur sol enrichi en azote : décombres, reposoirs ou colonies d'oiseaux marins. Méd. et Atl., assez rare. Espèce spectaculaire, souvent introduite dans les jardins.

8 Violier *Matthiola incana*
(Brassicacées)

Plante vivace ou bisannuelle, entièrement couverte de poils qui la rendent gris blanchâtre. Tige haute de 30 à 60 cm, ligneuse et nue à la base. Feuilles lancéolées, entières, plus ou moins regroupées vers le milieu de la tige, grisâtres. Fleurs violacées, parfois blanches ou panachées, grandes et odorantes. Fruit : une silique dressée, tomenteuse. Floraison de mai à juillet. Rochers maritimes, parfois murs. Méd. et Atl. sud, rare. Le violier est la souche sauvage d'où dérivent les nombreuses variétés ornementales de giroflée cultivées dans les jardins.

9 Evax nain *Evax pygmaea*
(Astéracées)

Plante naine formant des gazons lâches. Tige nulle ou imperceptible (de 1 à 4 cm). Feuilles imbriquées en rosette dense, entières, largement ovales, blanc tomenteux. Fleurs regroupées en petit capitule au centre de la rosette, minuscules et toutes tubuleuses. Capitule entouré de bractées jaunâtres à pointe effilée. Floraison d'avril à mai. Pelouses rases au sommet des falaises méditerranéennes. Méd., assez rare mais abondant dans ses stations. Sa petite taille permet à l'evax nain de prospérer dans des sites littoraux dégradés par un piétinement touristique intense.

10 Pin d'Alep *Pinus halepensis*
(Pinacées)

Arbre de taille moyenne à l'écorce typiquement gris argenté. Aiguilles par 2, très fines et souples, d'un vert clair, conférant à l'arbre sa couleur caractéristique. Cônes (les « pommes de pin ») oblongs, rouge-brun luisant, à pédoncule très épais, toujours inclinés vers le bas. Abondant dans toute la région méditerranéenne, surtout sur calcaire et sur le littoral où il se contente des sols rocheux les plus pauvres. Naturalisé sur le littoral sud et centre atlantique. Très inflammable comme tous les conifères, le pin d'Alep constitue l'un des principaux combustibles des incendies qui ravagent à intervalles réguliers le Midi de la France.

11 Astérolide maritime *Pallenis maritima*
(Astéracées)

Plante basse, vivace, velue. Tige ligneuse à la base, haute de 5 à 15 cm. Feuilles entières, ovales ou oblongues, parfois spatulées, rétrécies à la base en court pétiole. Fleurs jaune d'or, réunies en gros capitules constitués à la fois de fleurs tubuleuses fertiles (au centre) et de fleurs ligulées stériles, rayonnantes (à la périphérie). Floraison de mai à juillet. Falaises maritimes méditerranéennes où il forme souvent des gazons denses, assez rare. Espèce ornementale, parfois cultivée.

12 Passerine hirsute *Thymelaea hirsuta*
(Thyméléacées)

Sous-arbrisseau très ramifié, haut de 0,50 à 1 m. Rameaux étalés ou pendants, blanc cotonneux, entièrement recouverts de feuilles. Feuilles minuscules (de 4 à 6 mm de long sur 2 mm de large), épaisses, vert foncé dessus, soyeuses et blanchâtres à la face inférieure, étroitement imbriquées, l'ensemble évoquant un rameau de *Sedum*. Fleurs insignifiantes, jaunâtres, réunies par 2 à 5 à l'extrémité des rameaux. Floraison hivernale, d'octobre à mai. Falaises et rochers maritimes méditerranéens, assez répandue.

13 Barbe-de-Jupiter *Anthyllis barba-jovis* (Fabacées)

Arbrisseau rameux à pubescence argentée, jusqu'à 1, 50 m de haut. Rameaux soyeux, blanchâtres, portant des feuilles imparipennées à 4 à 10 paires de folioles très velues. Fleurs jaune pâle, regroupées en têtes longuement pédonculées à l'extrémité des rameaux. Corolle papilionacée, à carène obtuse. Calice un peu renflé, pubescent, à 5 dents courtes. Floraison d'avril à juin. Falaises et rochers méditerranéens, rare. Par sa tige ligneuse, la barbe-de-Jupiter est une exception au sein du genre *Anthyllis* qui comprend surtout des plantes herbacées basses, dont l'anthyllide vulnéraire, très commune sur les pelouses sèches de toute la France.

14 Astragale de Marseille *Astragalus tragacantha* (Fabacées)

Plante vivace d'un vert pâle, un peu ligneuse, formant de grosses touffes épineuses. Feuilles paripennées à 6 à 12 paires de folioles oblongues, à pétiole raide se prolongeant en une longue épine. Fleurs blanches, par 3 à 10 en grappes lâches et courtes. Corolle papilionacée à étendard à peine plus long que les ailes. Calice en tube, à 5 dents courtes et obtuses. Floraison en mai-juin. Rochers et falaises du littoral méditerranéen, rare.

15 Faux statice nain *Limonium pseudominutum* (Plombaginacées)

Plante vivace, naine, à souche ligneuse et tortueuse. Feuilles petites, toutes imbriquées en rosette dense à la base, oblongues, spatulées, de consistance rugueuse et à bords enroulés. Tige grêle, haute de 5 à 15 cm, à rameaux flexueux ou en zigzag. Fleurs roses ou violacées, regroupées par 2 en petits épillets entourés de 3 bractées et formant des épis lâches. Floraison de juin à août. Falaises méditerranéennes, assez répandu. Le genre *Limonium* comprend, notamment sur le littoral rocheux méditerranéen, de nombreux taxons d'apparence voisine et de distribution souvent très localisée.

16 Hyoséride rayonnante *Hyoseris radiata* (Astéracées)

Plante vivace, basse, à racine épaisse. Feuilles toutes en rosette radicale, profondément divisées, à lobes réguliers, anguleux, typiquement recourbés vers le bas. Fleurs jaunes, toutes regroupées en un capitule solitaire au sommet d'un pédoncule haut de 10 à 30 cm. Fruit : un akène fortement aplati, surmonté d'une aigrette de soies inégales, jaunâtres. Floraison en mai-juin. Rochers méditerranéens, assez répandue.

17 Aster maritime *Aster tripolium*
(Astéracées)

Plante bisannuelle, robuste, entièrement glabre. Tige haute de 0,20 à 1 m, rameuse dans le haut. Feuilles entières, lancéolées, charnues, d'un vert foncé. Fleurs regroupées en capitules nombreux, entourés chacun d'un involucre de bractées ovales, souvent bordées de rouge. Fleurs tubuleuses (au centre) jaunes, les ligulées (périphérie) lilas ou violacées, rarement blanches. Floraison de juillet à octobre. Vasières, prés salés, polders, digues. Atl. et Méd., commun. Les nombreux asters cultivés pour l'ornement dans les jardins sont originaires pour la plupart d'Amérique du Nord, où ils prospèrent dans des milieux non littoraux. C'est ce genre qui donne désormais son nom à la famille des Astéracées qui a remplacé les anciennes Composées.

18 Statice commun *Limonium vulgare*
(Plombaginacées)

Plante vivace, glabre, à souche robuste. Tige haute de 15 à 50 cm, ramifiée dans sa moitié supérieure. Feuilles toutes en rosette, entières, ovales ou lancéolées, munies d'une nervure principale d'où partent des nervures secondaires bien marquées (nervation pennée). Fleurs lilas, petites, regroupées par 2 ou 3 en épillets imbriqués en épis denses à l'extrémité des rameaux. Floraison de juillet à septembre. Prés salés. Atl., commun. Connue aussi sous le nom de saladelle ou de lavande de mer, cette espèce aux fleurs très décoratives est parfois abusivement cueillie pour composer des bouquets secs dont les coloris se conservent durant plusieurs mois.

19 Armoise maritime *Artemisia maritima*
(Astéracées)

Plante vivace, très rameuse, entièrement couverte de poils gris blanchâtre. Tige haute de 30 à 50 cm, à nombreuses feuilles finement divisées en lobes étroits, à forte odeur aromatique lorsqu'on les froisse. Fleurs jaunâtres, toutes tubuleuses, regroupées en nombreux petits capitules ovales, penchés, entourés de bractées membraneuses. Floraison de septembre à octobre. Partie supérieure des prés salés, digues. Atl., assez rare, remplacée en Méd. par une espèce voisine. Connue aussi sous le nom d'absinthe de mer, cette espèce était autrefois très utilisée comme vermifuge.

20 Obione faux-pourpier *Halimione portulacoides* (Chénopodiacées)

Sous-arbrisseau très ramifié, formant des buissons gris argenté. Tiges couchées à la base, puis redressées, portant des paires de feuilles opposées, oblongues, entières, à une seule nervure. Fleurs jaunâtres très réduites, inapparentes, groupées en épis grêles au sommet de rameaux non feuillés, mâles et femelles séparés. Floraison de juillet à octobre. Prés salés. Atl. et Méd., commune. Cette espèce forme souvent des peuplements importants, repérables de loin grâce à leur teinte gris argenté caractéristique.

21 Tamaris de France *Tamarix gallica*
(Tamaricacées)

Arbuste toujours vert, haut de 1 à 3 m (rarement jusqu'à 10 m), touffu et très rameux. Branches effilées portant de nombreuses feuilles écailleuses, minuscules, imbriquées, entières. Fleurs rosées, petites, groupées en longs épis cylindriques. Corolle à 5 pétales soudés à leur base. Fruit : une capsule contenant de petites graines surmontées d'une aigrette (dispersion par le vent). Floraison de juin à septembre. Marais saumâtres, bords des fossés. Atl. et Méd., assez répandu. Genre comprenant une cinquantaine d'espèces, dont beaucoup sont originaires des steppes arides et salées de l'Asie.

22 Salicorne rameuse *Salicornia ramosissima*
(Chénopodiacées)

Plante annuelle, basse, très rameuse, entièrement glabre, d'aspect étrange du fait de l'absence de feuilles ou de fleurs visibles. Tiges et rameaux très charnus, gorgés d'eau, d'abord d'un vert bronze puis se colorant d'un pourpre profond en début d'automne. Fleurs groupées par 3, sans calice ni corolle apparents, à la base d'articles renflés, donnant aux rameaux fertiles un aspect bosselé très caractéristique. Floraison d'août à octobre. Partie haute des prés salés. Atl. sud et centre, commune. Les salicornes annuelles forment un genre très complexe comprenant plusieurs « petites » espèces, de distinction délicate du fait de la réduction des organes végétatifs et reproducteurs.

23 Salicorne ligneuse *Sarcocornia fruticosa*
(Chénopodiacées)

Sous-arbrisseau haut de 0,30 à 1 m, très ramifié, formant des buissons d'un vert glauque caractéristique. Tiges ligneuses à la base mais herbacées au sommet, dépourvues de feuilles. Rameaux cylindriques, charnus, articulés par la juxtaposition de segments aussi larges que hauts. Fleurs groupées par 3 dans des excavations des segments fertiles. Pas de corolle ni de calice, seules les anthères jaunes des étamines signalant la floraison. Floraison d'août à septembre. Hauts des prés salés. Méd. et Atl. sud et centre, assez répandue. Le genre *Sarcocornia* se distingue des *Salicornia* par son caractère vivace et ligneux (on ne peut pas les arracher aisément).

24 Betterave sauvage *Beta vulgaris* ssp.
maritima (Chénopodiacées)

Plante vivace, glabre, d'un vert foncé luisant. Tige couchée ou étalée, longue de 30 à 60 cm, anguleuse, rameuse dès la base. Feuilles charnues, grossièrement triangulaires, à marge ondulée. Fleurs insignifiantes, verdâtres, formant des épis allongés et étroits au sommet des rameaux. Floraison de juin à septembre. Hauts des prés salés, digues, laisses de mer. Atl. et Méd., commune. Cette espèce est à l'origine des nombreuses variétés de betteraves cultivées utilisées dans l'alimentation humaine : betterave rouge, betterave sucrière, bette, etc.

25 Inule faux-crithme *Inula crithmoides* (Astéracées)

Plante vivace, robuste, entièrement glabre. Tige haute de 10 à 90 cm, un peu ligneuse à la base, peu rameuse. Feuilles charnues, nombreuses, étroites, à bords plus ou moins parallèles, munies à leur sommet de 3 courtes dents et présentant souvent un faisceau de jeunes feuilles à leur aisselle. Fleurs réunies en capitules jaune d'or possédant à la fois des fleurs tubuleuses et des fleurs ligulées. Floraison d'août à octobre. Prés salés, digues, bords des marais conchylicoles. Méd. et Atl. jusqu'en Normandie, commune, surtout dans le sud.

PLAGES ET DUNES

26 Pensée des dunes *Viola saxatilis* ssp. *curtisii* (Violacées)

Plante vivace, basse. Tige haute de 5 à 25 cm, dressée. Feuilles ovales-oblongues, crénelées, un peu charnues, munies à leur base de stipules divisées en nombreux lobes, le terminal plus grand. Fleurs assez grandes, panachées de violet et de jaune, munies d'un éperon dépassant nettement les appendices herbacés situés à la base du calice. Corolle à 5 pétales, dont 4 sont dirigés vers le haut (caractère diagnostique des pensées vis-à-vis des violettes, toutes appartenant au genre *Viola*). Floraison d'avril à septembre. Dunes fixées. Atl. nord, rare en France.

27 Laîche des sables *Carex arenaria* (Cypéracées)

Plante vivace, glabre, munie d'un rhizome pouvant atteindre plusieurs mètres de long d'où émergent à intervalles réguliers des touffes de la plante, l'ensemble traçant souvent des lignes droites d'une rectitude étonnante. Tige à 3 angles, haute de 10 à 50 cm. Feuilles linéaires étroites, presque toutes à la base. Fleurs insignifiantes, regroupées en 5 à 10 épillets formant un épi allongé au sommet de la tige. Fleurs mâles et femelles séparées, les premières (3 étamines jaunâtres) dans les épillets supérieurs, les autres (3 stigmates blanchâtres) dans ceux de la base. Floraison de mai à août. Dunes fixées. Atl., très commune.

28 Pourpier de mer *Honckenya peploides* (Caryophyllacées)

Plante vivace, glabre, longuement rampante. Tige couchée, couverte de feuilles vert jaunâtre, opposées sur 4 rangs, charnues. Fleurs petites, blanchâtres. Corolle à 5 pétales entiers, ne dépassant pas les sépales. 10 étamines. Fruit : une capsule globuleuse charnue ressemblant à un petit pois. Floraison de mai à août. Hauts de plage, base des dunes. Atl., assez rare. La plante forme souvent des gazons denses au sommet de certaines plages.

29 Argousier *Hippophae rhamnoides*
(Éléagnacées)

Arbuste haut de 2 à 6 m, très épineux, fortement ramifié, drageonnant. Jeunes rameaux couverts d'écailles roussâtres. Feuilles entières, étroites, vert foncé dessus, gris argenté dessous avec des écailles ferrugineuses. Fleurs mâles et femelles sur des pieds différents, très petites, les mâles en chatons. Fruit : une fausse baie orangée persistant parfois jusqu'en hiver. Floraison en avril-mai, fructification en septembre. Dépressions humides des dunes. Atl. nord, répandu. Les fruits de l'argousier sont d'une richesse en vitamine C quatre fois supérieure à celle du citron. Toutefois très acides, ils doivent être consommés additionnés de sucre, en gelées ou en confitures.

30 Saule des sables *Salix arenaria*
(Salicacées)

Sous-arbrisseau grisâtre, très ramifié, formant des buissons bas. Rameaux étalés ou dressés, effilés, fortement pubescents. Feuilles petites, alternes, deux fois plus longues que larges, soyeuses, argentés en dessous, d'un vert grisâtre dessus, à marge un peu enroulée. Fleurs en petits chatons, les mâles et les femelles sur des pieds différents. Floraison d'avril à juin. Dépressions humides des dunes. Atl., assez rare. La présence de cette espèce, qui forme parfois des fourrés denses, signale invariablement l'existence, à faible profondeur, d'une nappe phréatique d'eau douce sous les sables.

31 Matricaire maritime *Matricaria maritima*
(Astéracées)

Plante bisannuelle ou vivace, glabre, d'un vert sombre. Tige diffuse ou dressée, portant de nombreuses feuilles finement divisées en lanières linéaires. Fleurs réunies en capitules assez grands évoquant ceux d'une marguerite, à fleurs tubuleuses jaune d'or non séparées par des paillettes, les ligulées blanches. Fruit : un akène muni de fortes côtes. Floraison de mai à novembre. Hauts de plage, levées de galets, digues. Atl., commune. La matricaire camomille, plante médicinale non littorale, possède un aspect très voisin mais dégage une forte odeur au froissement.

32 Erodium de Lebel *Erodium lebelii*
(Géraniacées)

Plante annuelle basse, entièrement couverte de poils glanduleux auxquels viennent se coller les grains de sable poussés par le vent. Tige courte, à feuilles de contour ovale, profondément divisées en lobes étroits. Fleurs par 2 ou 3, rose pâle ou lilacées. 5 pétales, presque égaux, dépourvus de tache sombre à leur base. Fruit muni d'un long bec dont les arêtes s'enroulent de haut en bas à maturité. Floraison d'avril à juin. Dunes, chemins sablonneux. Atl., répandu. Le nom vernaculaire des *Erodium*, bec-de-grue ou bec-de-cigogne, fait allusion au long bec qui prolonge les carpelles.

33 Rosier pimprenelle *Rosa pimpinellifolia* (Rosacées)

Arbrisseau épineux, à souche drageonnante et formant souvent des colonies très denses. Tige haute de 15 à 60 cm, couverte d'aiguillons droits et inégaux mêlés de poils glanduleux. Feuilles imparipennées, à 3 à 5 paires de folioles arrondies, dentées. Fleurs d'un blanc crème, grandes, solitaires, odorantes, à 5 pétales légèrement échancrés. Sépales entiers, dressés au sommet du fruit rouge noirâtre à maturité. Floraison en mai-juin. Fourrés des dunes fixées. Atl., répandu. Se rencontre aussi à l'intérieur des terres, en lisière des forêts thermophiles.

34 Gaillet des sables *Galium arenarium* (Rubiacées)

Plante basse, vivace, couchée-rampante, glabre. Tiges étalées, très rameuses, à section carrée. Feuilles verticillées par 6 à 10, d'un vert foncé luisant, linéaires, très rapprochées. Fleurs jaunes, petites, en panicules courtes au sommet des rameaux. Corolle à 4 lobes, soudés en tube à la base. Floraison de juin à septembre. Dunes mobiles (surtout sur leur versant continental). Atl., de la Bretagne à la frontière espagnole, assez rare. Plante endémique des côtes atlantiques françaises.

35 Pin maritime *Pinus pinaster* (Pinacées)

Arbre élancé, pouvant atteindre 30 m de haut, à cime courte. Tronc à écorce épaisse, brun rougeâtre, parcourue de profondes crevasses. Aiguilles par 2, jusqu'à 20 cm de long, rigides, piquantes. Cônes oblongs, pointus au début, à écailles terminées par un écusson aigu qui les rend presque épineux. Dunes fixées et terrains sablonneux pauvres en calcaire. Atl. et Méd., répandu. Largement planté, notamment dans les Landes où il forme la plus grande forêt française. La récolte de la résine, ou gemmage, fournit de l'essence de térébenthine, un solvant très utilisé dans l'industrie des vernis et peintures.

36 Armoise de Lloyd *Artemisia campestris* ssp. *maritima* (Astéracées)

Plante vivace, ligneuse à la base, très rameuse, formant de petits buissons denses. Tige glabre, ascendante, jusqu'à 1 m de haut. Feuilles finement divisées en lobes linéaires, soyeuses, argentées au début, devenant glabres ensuite. Fleurs en petits capitules groupés en panicule allongée au sommet des rameaux. Fleurs toutes tubuleuses, rougeâtres ou jaunâtres, entourées de bractées luisantes. Floraison d'août à octobre. Dunes fixées. Atl. centre et sud, répandue. La plante est dédiée à James Lloyd, botaniste français du XIXe siècle, auteur d'une célèbre *Flore de l'ouest de la France*.

37 Œillet des dunes *Dianthus gallicus* (Caryophyllacées)

Plante vivace, basse, d'un vert glauque. Tige étalée ou dressée, haute de 10 à 30 cm. Feuilles opposées, linéaires, courtes, presque obtuses au sommet. Fleurs roses, odorantes, groupées par 1 à 3 au sommet de la tige. 5 pétales, divisés jusqu'au tiers en lanières fines, comme frangés. Calice tubuleux, très long, doublé d'un calicule court, à écailles terminées par une courte pointe. Floraison de juin à septembre. Dunes mobiles et fixées. Atl., de la Bretagne à l'Espagne. Rare et protégé officiellement en France.

38 Cynoglosse des dunes *Omphalodes littoralis* (Boraginacées)

Petite plante annuelle, entièrement glabre, d'un vert glauque caractéristique. Tige haute de 5 à 20 cm, portant des feuilles entières, spatulées, un peu charnues. Fleurs petites, d'un blanc de lait, peu nombreuses, portées par un long pédoncule. Corolle en roue, à 5 lobes obtus-arrondis, soudés en tube à la base, à gorge munie de 5 écailles. Fruit formé de 4 gros carpelles à bords pourvus de cils crochus. Floraison en avril-mai. Dunes mobiles et fixées. Atl., du sud de la Bretagne jusqu'à la Gironde. Rare et protégé officiellement en France.

39 Linaire à feuilles de thym *Linaria thymifolia* (Scrophulariacées)

Plante vivace, naine, vert glauque, entièrement glabre. Tige couchée ou étalée, haute de 10 à 30 cm. Feuilles verticillées par 3, ovales-arrondies, un peu charnues. Fleurs jaunes à palais orange, grandes, odorantes, groupées en petite tête terminale. Corolle à 2 lèvres, prolongée à sa base par un long éperon recourbé. Floraison d'avril à août (parfois jusqu'en novembre). Dunes mobiles du golfe de Gascogne. Rare et protégée officiellement en France.

40 Oyat *Ammophila arenaria* (Poacées)

Plante vivace, d'un vert blanchâtre, à souche munie de très longs rhizomes (jusqu'à 5 m !). Tige raide, haute de 0,50 à 1 m. Feuilles étroites, enroulées, luisantes à l'extérieur, grisâtres en dessous. Panicule étroite, vert blanchâtre. Épillets à une seule fleur, munis à la base de longs poils soyeux, argentés. Floraison de mai à juillet. Dunes mobiles. Atl. et Méd., très commun. L'une des plantes les plus précieuses pour la fixation des dunes grâce à son puissant système de rhizomes, qui lui permet de résister à l'enfouissement par le sable. Abondamment planté pour lutter contre l'érosion.

41 Roquette de mer *Cakile maritima*
(Brassicacées)

Plante annuelle, glabre et charnue, à goût salé. Tige dressée ou diffuse, haute de 10 à 50 cm, rameuse dès la base. Feuilles entières ou divisées en lobes inégaux, épaisses. Fleurs violacées, roses ou blanches, en grappes allongées. 4 pétales en croix, non soudés. Fruit : une silique constituée de 2 articles, chacun contenant une graine unique. Floraison de mai à octobre. Sables littoraux salés, hauts de plage, laisses de mer. Atl. et Méd., répandue. Comme celles des salicornes, les feuilles de la roquette de mer, au goût salé mais un peu amer, peuvent être consommées quand elles sont jeunes et tendres.

42 Fléole des sables *Phleum arenarium*
(Poacées)

Petite graminée annuelle, glabre, haute de 5 à 25 cm. Tige dressée ou genouillée, à feuilles étroites, la supérieure enserrant la tige par une gaine renflée. Inflorescence vert glauque, en panicule très contractée simulant un épi, en forme de massue. Floraison de mai à juin. Dunes, surtout fixées. Atl. et Méd., répandue.

43 Euphorbe maritime *Euphorbia paralias*
(Euphorbiacées)

Plante vivace, entièrement glabre et d'un vert glauque, répandant un suc laiteux lorsqu'on la coupe. Tige dressée, haute de 30 à 60 cm, un peu ligneuse à la base. Feuilles très serrées, comme imbriquées, coriaces, entières, oblongues étroites. Inflorescence en ombelle à 3 à 6 rayons munis de bractées orbiculaires ou en rein. Fleurs nues, dépourvues de pétales mais entourées de 4 ou 5 glandes à nectar en forme de croissant terminé par une pointe courte. Floraison de mai à septembre. Dunes embryonnaires et mobiles. Atl. et Méd., commune. L'hévéa, dont le latex sert à produire le caoutchouc, appartient à la famille des Euphorbiacées.

44 Pavot cornu *Glaucium flavum*
(Papavéracées)

Grande plante bisannuelle, à latex jaune. Tige robuste, haute de 30 à 60 cm. Feuilles grandes, d'un vert grisâtre, divisées profondément en larges lobes dentés, groupées surtout à la base. Fleurs solitaires, très grandes, jaune d'or. 4 pétales fragiles et caducs dont l'aspect froissé rappelle ceux du coquelicot. Fruit : une longue capsule arquée pouvant dépasser 20 cm de long. Floraison de juin à septembre. Hauts de plage, dunes, levées de galets. Atl. et Méd., répandu, surtout vers le sud. Plante spectaculaire par ses fleurs pouvant atteindre 8 cm de diamètre.

45 Panicaut maritime *Eryngium maritimum*
(Apiacées)

Plante vivace épineuse, entièrement glauque bleuâtre, à souche émettant de longs rhizomes souterrains. Tige raide, dressée, haute de 30 à 60 cm portant des feuilles épineuses coriaces, plus ou moins lobées, à bordures et nervures blanches. Fleurs bleuâtres en grosses têtes globuleuses entourées de 4 à 6 bractées épineuses et coriaces ressemblant aux feuilles. Floraison de juin à septembre. Dunes mobiles. Atl. et Méd., répandu. L'une des plantes les plus spectaculaires de nos dunes, souvent abusivement récoltée pour composer des bouquets secs et, de ce fait, protégée dans certaines régions.

46 Liseron des sables *Calystegia soldanella*
(Convolvulacées)

Plante vivace, longuement rampante, glabre. Tige couchée, longue de 10 à 60 cm. Feuilles épaisses, arrondies en rein, plus larges que longues, à marge un peu sinuée, munies d'un long pétiole. Fleurs roses rayées de blanc, très grandes, en forme d'entonnoir élargi, solitaires à l'aisselle des feuilles. Calice à sépales très obtus. Floraison de mai à octobre. Dunes mobiles. Atl. et Méd., commun. C'est dans ses feuilles et son rhizome charnus que cette espèce stocke l'eau nécessaire à sa survie sur les sables dunaires arides.

47 Queue-de-lièvre *Lagurus ovatus*
(Poacées)

Plante annuelle, poussant en petites touffes, couverte de poils mous. Tige haute de 10 à 40 cm, densément feuillée, la feuille supérieure à gaine renflée. Inflorescence en panicule ovoïde, courte, soyeuse, blanchâtre, par la longue arête plumeuse qui termine chaque épillet. Floraison de mai à juillet. Dunes et sables littoraux. Méd. et Atl. sud, commun à abondant, se répand vers le nord. Plante emblématique du bouquet sec rapporté d'un séjour à la mer, le lagure est originaire des côtes méditerranéennes d'où il a rapidement colonisé le littoral atlantique, dès la fin du XIXᵉ siècle, avec l'essor du tourisme balnéaire.

48 Diotis maritime *Otanthus maritimus*
(Astéracées)

Plante vivace aromatique, rampante, entièrement blanc cotonneux. Tige couchée ascendante, haute de 10 à 50 cm. Feuilles nombreuses, oblongues ou un peu spatulées, à quelques dents grossières. Fleurs jaunes regroupées dans des capitules globuleux de 1 cm de diamètre, toutes tubuleuses. Floraison de juin à septembre. Dunes mobiles. Méd. et Atl. sud et centre, rare. Encore assez répandu sur le littoral méditerranéen, le diotis s'est beaucoup raréfié sur les côtes atlantiques, victime de cueillettes excessives et de la dégradation du milieu dunaire.

49 Luzerne maritime *Medicago marina*
(Fabacées)

Plante vivace, rampante, entièrement blanc cotonneux. Tige ascendante ou dressée, haute de 10 à 50 cm. Feuilles composées de 3 folioles ovales, un peu dentées au sommet. Fleurs jaunes, petites, réunies en grappes courtes.

Corolle papilionacée à ailes plus longues que la carène. Fruit : une gousse en forme de lampion chinois, cotonneuse, hérissée de dents courtes. Floraison d'avril à juin. Dunes mobiles. Méd. et Atl. sud et centre (jusqu'en Bretagne), assez rare.

50 Raisin de mer *Ephedra distachya* (Éphédracées)

Sous-arbrisseau à rameaux articulés, paraissant formés de segments juxtaposés, évoquant un peu une prêle. Tige haute de 0,40 à 1 m, portant de nombreux rameaux opposés, verticillés ou groupés en faisceaux. Fleurs mâles et femelles en chatons insignifiants, sur des pieds différents. Fruit : une fausse baie rouge contenant 2 graines, mûrissant en août-septembre. Dunes fixées. Méd. et Atl. sud et centre (jusqu'en Bretagne), répandu et formant des colonies denses. Ce proche cousin des conifères est très riche en alcaloïdes, dont l'éphédrine, encore utilisée de nos jours pour traiter l'asthme ou la sinusite.

51 Centaurée rude *Centaurea aspera* (Astéracées)

Plante vivace, rameuse, pubescente. Tige haute de 30 à 80 cm, à nombreux rameaux étalés. Feuilles divisées en lobes étroits, le terminal plus grand. Fleurs purpurines, parfois panachées de blanc au centre, réunies en capitule. Corolles toutes tubuleuses (pas de ligules), celles de la circonférence plus grandes, un peu rayonnantes. Bractées de l'involucre à pointe recourbée et munie au sommet de 3 à 5 épines. Floraison de juin à octobre. Dunes fixées, sables. Méd. et Atl. sud et centre (jusqu'à la Loire), commune.

52 Immortelle *Helichrysum stoechas* (Astéracées)

Plante aromatique vivace, un peu ligneuse à la base, très rameuse et formant des touffes entièrement cotonneuses, grisâtres. Tige dressée, haute de 10 à 50 cm. Feuilles entières, linéaires, à marge enroulée en dessous, nombreuses tout le long de la tige. Fleurs jaune pâle, réunies en petits capitules arrondis formant une grappe courte au sommet de la tige. Corolles toutes tubuleuses. Floraison d'avril à août. Dunes fixées. Méd. et Atl. sud et centre (jusqu'en Bretagne), commune et souvent en immenses peuplements. C'est à cette espèce que l'on doit l'odeur si particulière – de curry ou de safran – qui émane des dunes d'Aquitaine dans la chaleur de l'été.

53 Mathiole à feuilles sinuées *Matthiola sinuata* (Brassicacées)

Plante bisannuelle ou vivace, entièrement velue, blanchâtre. Tige dressée, haute de 20 à 60 cm. Feuilles presque toutes en rosette, dentées ou lobées. Fleurs rosées, assez grandes, très odorantes le soir, en grappe lâche au sommet de la tige. Corolle à 4 pétales en croix, très étalés. Calice avec 2 sépales un peu bossus à la base.

Fruit : une silique allongée, très velue. Floraison de mai à septembre. Dunes mobiles. Méd. et Atl. sud et centre (jusqu'en Normandie), assez rare. Le genre *Matthiola* a été dédié à Mattioli, célèbre botaniste italien du XVIe siècle.

54 Lis des sables *Pancratium maritimum* (Amaryllidacées)

Plante vivace, glabre, à très gros bulbe. Tige haute de 30 à 60 cm, un peu aplatie. Feuilles toutes à la base, en glaive, aussi longues que la tige. Fleurs blanches, odorantes, très grandes, longues de 10 à 15 cm, par 3 à 15 en ombelle. Corolle à 6 lobes linéaires entourant une couronne en entonnoir évasé terminé par 12 dents triangulaires. Floraison de juillet à septembre. Dunes mobiles ou fixées. Méd. et Atl. sud et centre, rare. L'une des plantes les plus spectaculaires de notre littoral, malheureusement très raréfiée par les cueillettes excessives.

55 Malcolmie ramifiée *Malcolmia ramosissima* (Brassicacées)

Plante annuelle naine, d'un vert blanchâtre. Tige haute de 5 à 20 cm, un peu tordue, en général dépassée par les rameaux latéraux. Feuilles entières ou un peu lobées, mollement pubescentes. Fleurs violettes, petites, à 4 pétales en croix, non échancrés au sommet. Fruit : une silique allongée et grêle. Floraison d'avril à mai. Sables mobiles ou fixés. Méd., répandue, formant parfois de grands peuplements qui teintent de rose violacé les sables littoraux.

56 Réséda blanc *Reseda alba* (Résédacées)

Plante annuelle ou bisannuelle, glabre. Tige robuste, haute de 30 à 60 cm, un peu ligneuse à la base. Feuilles profondément divisées jusqu'à la nervure centrale en lobes plus ou moins opposés 2 à 2. Fleurs petites, blanches, en grappe allongée et très dense. Pétales inégaux, divisés en lobes linéaires, plus longs que les sépales entiers et aigus. Floraison de mai à septembre. Hauts de plage, sables. Méd., répandu. Voisin de *R. luteola*, ou gaude, plante non littorale, à fleurs jaunes, utilisée autrefois pour ses propriétés tinctoriales.

57 Panais épineux *Echinophora spinosa* (Apiacées)

Plante épineuse vivace, glabre et glauque, à racine épaisse. Tige robuste, striée, haute de 20 à 50 cm. Feuilles raides et charnues, divisées en lobes terminés par une forte épine. Fleurs blanches, en ombelle à 5 à 8 rayons. Pétales profondément échancrés, en forme de cœur renversé. Calice à 5 dents épineuses. Floraison de juillet à septembre. Sables. Méd., répandu. La racine, épaisse et charnue, est comestible : son goût, évoquant celui du panais cultivé comme légume, est à l'origine du nom commun de la plante.

58 Genévrier de mer *Juniperus turbinata*
(Cupressacées)

Arbuste sempervirent, touffu, haut de 1 à 5 m. Feuilles très nombreuses, en forme d'écailles minuscules, longues de moins de 1 mm et imbriquées sur 6 rangs sur les rameaux. Fleurs en chatons insignifiants, mâles et femelles séparés mais sur le même pied (contrairement au genévrier commun). Fruit : un cône charnu globuleux ressemblant à une baie, d'abord noirâtre, puis jaune, devenant rouge luisant à maturité qui n'intervient que la deuxième année. Plante extrêmement toxique, tout comme le genévrier de Phénicie, *J. phoenicea*, d'aspect très voisin mais qui possède des fruits plus petits (de 6 à 10 mm de diamètre, contre 12 mm pour le genévrier de mer).

59 Orcanette tinctoriale *Alkanna matthioli*
(Boraginacées)

Plante vivace naine, velue, blanchâtre, à souche ligneuse couverte d'une écorce rougeâtre, d'aspect feuilleté. Tige étalée ou ascendante, haute de 10 à 30 cm. Feuilles nombreuses, entières, lancéolées, embrassant la tige à leur base. Fleurs bleu vif ou purpurines, en grappes courtes. Corolle en entonnoir, à 5 lobes courts. Floraison d'avril à juin. Sables fixés. Méd., assez rare. La racine, qui contient un principe colorant rose, était utilisée autrefois pour ses propriétés tinctoriales.

60 Posidonie *Posidonia oceanica*
(Potamogétonacées)

Plante marine vivant submergée sur les fonds marins entre 0,50 et 30 m de profondeur. La plupart des gens n'en connaissent que les banquettes d'accumulation de hachis de feuilles sur les plages et, surtout, les « pelotes de mer », débris curieusement roulés en boule par le flot. Malgré ses allures d'algue que lui confèrent ses feuilles en ruban naissant d'un long rhizome, il s'agit bien d'une plante à fleurs, même si celles-ci sont verdâtres et peu apparentes sous l'eau. Moins spectaculaire que le lis des sables, la posidonie n'en possède pas moins une valeur écologique cruciale : ses herbiers forment un écosystème où toute une faune marine s'abrite, se nourrit et vit, constituant des « oasis de vie » sur les fonds méditerranéens.